54 Tennis-Übungen Für Das Heutige Spiel: Zur Verbesserung Von Konsistenz Und Stärke

Joseph Correa

"Dieses Buch wird dich lehren, wie du konsistenter spielst, indem du deinen Bällen mehr Spin verleihst, welche dir das nötige Selbstvertrauen geben, kraftvoller zu schlagen."

COPYRIGHT

© 2016 Finibi Inc

Alle Rechte vorbehalten. Dieses Buch oder Auszüge dessen darf nicht reproduziert oder in anderer Weise genutzt werden ohne schriftliche Genehmigung des Verlegers – ausgenommen hiervon sind kurze Zitate mit Verweis auf dieses Buch.

Das Scannen, Hochladen und Verbreiten dieses Buches über das Internet oder andere Medien ohne die ausdrückliche Genehmigung des Verlegers oder Autors sind illegal und verstoßen gegen das Gesetz.

Kaufe nur autorisierte Editionen dieses Buches. Bitte konsultiere deinen Arzt bevor du trainierst und dieses Buch nutzt.

INNHALTSVERZEICHNIS

Copyright

Einleitung

Über den Autor

Benötigte Materialien und Aufbau

Kapitel 1: Zuspiele

Kapitel 2: Echte Ball-Übungen mit Seil

Kapitel 3: Bälle mit Seil

Kapitel 4: Normale Ball-Übungen Ohne Seil

Andere Titel von Joseph Correa

KAPITEL 1: ZUSPIELE

1. Mit der Vorhand den Ball cross über das Seil schlagen

2. Mit der Rückhand den Ball cross über das Seil schlagen

3. Mit der Vorhand den Ball longline über das Seil schlagen

4. Mit der Rückhand den Ball longline über das Seil schlagen

5. Den Ball cross über das Seil schlagen und dabei Vorhand und Rückhand alternieren

6. Den Ball longline über das Seil schlagen und dabei Vorhand und Rückhand alternieren

7. Mit der Vorhand den Ball cross unter das Seil schlagen

8. Mit der Rückhand den Ball cross unter das Seil schlagen

9. Mit der Vorhand den Ball longline unter das Seil schlagen

10. Mit der Rückhand den Ball longline unter das Seil schlagen

11. Den Ball cross unter das Seil schlagen und dabei Vorhand und Rückhand alternieren

12. Den Ball longline unter das Seil schlagen und dabei Vorhand und Rückhand alternieren

KAPITEL 2: ECHTE BALL-ÜBUNGEN MIT SEIL

ÜBER DAS SEIL

13. Schlag 20 Bälle cross mit Topspin, Vorhand zu Vorhand über das Seil (Konsistenz)

14. Schlag 20 Bälle cross mit Topspin, Rückhand zu Rückhand über das Seil (Konsistenz)

15. Schlag 20 Bälle longline mit Topspin, Vorhand zu Rückhand über das Seil (Konsistenz)

16. Schlag 20 Bälle longline mit Topspin, Rückhand zu Vorhand über das Seil (Konsistenz)

17. Schlag 20 Bälle, bei denen eine Person nur cross und der andere nur longline über das Seil spielt (eine Acht, Konsistenz)

18. Schlag 20 Bälle, bei denen eine Person nur longline und der andere nur cross über das Seil spielt (eine Acht, Konsistenz)

ÜBUNGEN UNTER DAS SEIL

19. Schlag 20 Bälle cross, Vorhand zu Vorhand unter das Seil

20. Schlag 20 Bälle cross, Rückhand zu Rückhand unter das Seil

21. Schlag 20 Bälle longline, Vorhand zu Rückhand unter das Seil

22. Schlag 20 Bälle longline, Rückhand zu Vorhand unter das Seil

23. Schlag 20 Bälle cross mit einem Slice und der Rückhand unter das Seil

24. Schlag 20 Bälle, bei denen eine Person nur cross und der andere nur longline unter das Seil spielt um eine Acht zu erzeugen

25. Schlag 20 Bälle, bei denen eine Person nur longline und der andere nur cross unter das Seil spielt um eine Acht zu erzeugen

ÜBUNGEN ÜBER UND UNTER DAS SEIL

26. Eine Person spielt den Ball mit der Vorhand und einem Topspin über das Seil, während die andere ihn cross und mit der Vorhand unter das Seil schlägt

27. Eine Person spielt den Ball mit der Rückhand und einem Topspin über das Seil, während die andere ihn cross und mit der Rückhand unter das Seil schlägt

28. Eine Person spielt den Ball mit der Vorhand und einem Topspin über das Seil, während die andere ihn longline und mit der Rückhand unter das Seil schlägt

29. Eine Person spielt den Ball mit der Rückhand und einem Topspin über das Seil, während die andere ihn longline und mit der Vorhand unter das Seil schlägt

30. Eine Person spielt den Ball mit der Rückhand und einem Topspin über das Seil, während die andere ihn cross und mit der Rückhand sowie einem Slice unter das Seil schlägt

31. Eine Person spielt den Ball mit der Vorhand und einem Topspin über das Seil, während die andere ihn cross und mit der Vorhand inside-out unter das Seil schlägt

KAPITEL 3: BALL-ÜBUNGEN

32. 10 Bälle über das Seil und ohne Aufschlag

33. 10 Bälle unter das Seil und ohne Aufschlag

34. 10 Bälle ohne Aufschlag und, dass eine Person nur über das Seil und die andere nur unter das Seil schlagen

35. 10 Bälle (mit Aufschlag) über das Seil (der Aufschlag geht zu jeden Zeit unter das Seil, außer du führst einen Topspin oder einen Kick-Aufschlag)

36. 10 Bälle (mit Aufschlag) unter das Seil (der Aufschlag geht zu jeden Zeit unter das Seil, außer du führst einen Topspin oder einen Kick-Aufschlag)

KAPITEL 4: NORMALE BALL-ÜBUNGEN OHNE SEIL

37. 10 Bälle ohne Aufschlag und cross mit der Vorhand

38. 10 Bälle ohne Aufschlag und cross mit der Rückhand

39. 10 Bälle ohne Aufschlag und longline, Rückhand zu Vorhand

40. 10 Bälle ohne Aufschlag und longline, Vorhand zu Rückhand

41. 10 Bälle mit Aufschlag und cross mit der Vorhand

42. 10 Bälle mit Aufschlag und cross mit der Rückhand

43. 10 Bälle mit Aufschlag und longline, Rückhand zu Vorhand

44. 10 Bälle mit Aufschlag und longline, Vorhand zu Rückhand

45. 10 Bälle ohne Aufschlag und, dass eine Person nur cross und die andere nur longline schlägt

46. 10 Bälle ohne Aufschlag und, dass eine Person nur longline und die andere nur cross schlägt

47. 10 Bälle mit Aufschlag und, dass eine Person nur cross und die andere nur longline schlägt

48. 10 Bälle mit Aufschlag und, dass eine Person nur longline und die andere nur cross schlägt

49. Das Gleiche wie 10 nur ohne Aufschlag. Führe normale Bälle aus ohne Muster.

50. 10 Bälle mit Aufschlag. Führe normale Bälle ohne Muster aus.

51. Spiel einen kompletten Satz mit Aufschlag, in dem du nur cross und dein Partner nur longline spielt.

52. Spiel einen kompletten Satz mit Aufschlag, in dem du nur longline und dein Partner nur cross spielt.

53. Spiel einen kompletten Satz, in dem du ein Muster deiner Wahl verwendest.

54. Spiel ein komplettes Spiel, in dem du ein Muster deiner Wahl verwendest.

ANDERE TITEL VON JOSEPH CORREA

EINLEITUNG

Ball-Übungen und weitergehende Tennis-Übungen machen sehr viel Spaß und sind sehr spannend für die Spieler, die sie machen. Manchmal wird es schwierig sein einige der Seil-Übungen zu erledigen, aber gib nicht auf. Arbeite hart und irgendwann wirst du es hinbekommen. Diese ungewöhnliche Art des Trainings wird dir helfen, deine Kontrolle über hohe und niedrige Bälle, hohe Topspins, tiefe Slices sowie flache oder minimale Topspins allgemein zu verbessern. Du wirst außerdem sowohl deine Fähigkeit, den Ball an eine bestimmte Stelle auf dem Platz zu schlagen, als auch deine Konsistenz stark verbessern. Wenn du erst einmal dieses Training vollendet hast, wirst du dich wie ein richtiger Tennis-Spieler fühlen und dir wird es gefallen, deine Gegner mehr als jemals zuvor zum Schwitzen zu bringen.

Wenn du Anfänger oder schon etwas weiter fortgeschritten bist, kannst du trotzdem diese Übungen erledigen, denn sie können dich nur noch besser machen als du sowieso schon bist. Allerdings wirst du merken, dass es Ausdauer erfordert, bis du es richtig machst.

Alle Übungen sind für Rechtshänder ausgelegt, aber du kannst einfach das Gegenteil machen, wenn du Linkshänder bist. Das vereinfachte das Ganze, aber die

Übungen sprechen sowohl Rechts- als auch Linkshänder an.

ÜBER DEN AUTOR

Hallo, mein Name ist Joseph Correa und ich trainiere und unterrichte Tennis seit über 15 Jahren. Ich habe Jahre lang professionell Tennis gespielt und bin nun ein von der USPTR lizensierter Coach.

Nach Jahren des Wettkampfes und Trainings mit einigen der Besten der Welt habe ich gelernt, dass die meisten Menschen sehr erfolgreich im Wettkampf sein können, wenn sie das richtige mentale, physische und emotionale Training haben.

Wissenschaftlich erwiesene Techniken, Übungen und Schritt-für-Schritt Phasen müssen ausgeführt werden um deinen Höhepunkt zu erreichen. Aus diesem Grund habe ich einen ersten Satz an DVDs und Büchern herausgegeben, die die zeigen, wie du deine Ziele erreichst.

Durch meine Arbeit und Lehrhilfen habe ich hunderten Amateuren und professionellen Tennisspielern geholfen, ihre physischen, mentalen und leistungsorientierten Ziele voranzutreiben und großartige Erfolge zu erzielen.

Ich lehre dich alles, was ich weiß und was dir hilft, deine Ziele zu erreichen und hoffe, dass dir die Übungen Spaß machen und du sie mit anderen teilst. Um mehr über die verschiedenen Lektionen zu lernen, besuche www.tennisvideostore.com. Viele weitere Bücher werden dieses Jahr herauskommen mit einigen fortgeschrittenen Übungen und Techniken.

Viel Glück,

Joseph

BENÖTIGTES MATERIAL UND AUFBAU

Du benötigst:

1 Tennisfeld

1 ein Seil – lang genug um zu beiden Enden des Platzes gespannt zu werden.

Jemanden, der dir Bälle zuspielt und dir Bälle zurückschlägt, für bestimmte Teile des Trainings.

Aufbau:

Miss einen halben bis ganzen Meter ab der Höhe des Netzes, so dass du das Seil in dieser Höhe über das Netz spannen kannst (nutze einen Zaun oder ein anderes Objekt zum befestigen). Nimm ein Maßband und miss einen halben Meter über dem Netz für fortgeschrittene und einen Meter für einfache Schwierigkeitsgrade.

KAPITEL 1: ZUSPIELE

Mit der Vorhand den Ball cross über das Seil schlagen

Bei dieser Übung wirst du den Ball mit deiner Vorhand cross über das Seil schlagen - entweder mit Topspin oder flache Bälle, die dir von jemandem auf der anderen Seite des Netzes zugespielt werden. Stell sicher, dass du an deiner Tiefe und der Kontrolle arbeitest.

Mit der Rückhand den Ball cross über das Seil schlagen

Bei dieser Übung wirst du den Ball mit deiner Rückhand cross über das Seil schlagen – entweder mit Topspin oder flache Bälle, die die von jemandem auf der anderen Seite des Netzes zugespielt werden. Stell sicher, dass du an deiner Tiefe und der Kontrolle arbeitest.

Mit der Vorhand den Ball longline über das Seil schlagen

Bei dieser Übung solltest du den Ball longline mit Topspin und der Vorhand über das Seil schlagen. Dabei sollte der Ball tief auf dem Platz landen. Stell sicher, dich auf deinen Durchschwung zu konzentrieren und deine Beine zu nutzen um einen guten Spin zu erzeugen. Das kann ein guter, offensiver Schlag sein, wenn dein Gegner eine schwache Rückhand oder Probleme mit mittelhohe Bällen oder sogar hohen Bällen hat. Flache Bälle sind erlaubt, aber diese Übung ist effektiver, wenn sie mit Topspins gemacht wird.

Mit der Rückhand den Ball longline über das Seil schlagen

Bei dieser Übung solltest du den Ball longline mit Topspin und der Rückhand über das Seil schlagen. Dabei sollte der Ball tief auf dem Platz landen. Stell sicher, dich auf deinen Durchschwung zu konzentrieren und deine Beine zu nutzen um einen guten Spin zu erzeugen. Das kann ein guter, offensiver Schlag sein, wenn dein Gegner deine Rückhand angreift und du den Ball mit einem sicheren Schlag während des Laufens treffen musst. Flache Bälle sind erlaubt, aber diese Übung ist effektiver, wenn sie mit Topspins gemacht wird.

Den Ball cross über das Seil schlagen und dabei Vorhand und Rückhand alternieren

Bei dieser Übung solltest du den Ball cross mit Topspin und der Vorhand über das Seil schlagen, gefolgt von einem mit der Rückhand, cross geschlagenen Ball. Mach damit während der restlichen Übung weiter. Arbeite daran, den Ball tief im Feld zu halten. Stell sicher, dich auf deinen Durchschwung zu konzentrieren und deine Beine zu nutzen um einen guten Spin zu erzeugen. Das kann eine guter, offensiver Schuss sein, wenn dein Gegner sich nicht gut bewegt. Flache Bälle sind erlaubt, aber diese Übung ist effektiver, wenn sie mit Topspins gemacht wird.

Den Ball longline über das Seil schlagen und dabei Vorhand und Rückhand alternieren

Bei dieser Übung solltest du den Ball longline mit Topspin und der Vorhand über das Seil schlagen, gefolgt von einem mit der Rückhand, longline geschlagenen Ball. Mach damit während der restlichen Übung weiter. Arbeite daran, den Ball tief im Feld zu halten. Stell sicher, dich auf deinen Durchschwung zu konzentrieren und deine Beine zu nutzen um einen guten Spin zu erzeugen. Das kann eine guter, offensiver Schuss sein, wenn dein Gegner sich nicht gut bewegt. Flache Bälle sind erlaubt, aber diese Übung ist effektiver, wenn sie mit Topspins gemacht wird.

Mit der Vorhand den Ball cross unter das Seil schlagen

Bei dieser Übung solltest du den Ball mit deiner Vorhand cross unter das Seil schlagen – entweder mit Topspin oder flach. Der Ball sollte tief auf dem Platz landen. Stell sicher, dich auf deinen Durchschwung zu konzentrieren und deine Beine zu nutzen, um einen guten Spin zu erzeugen. Das kann ein guter, offensiver Schlag sein, wenn dein Gegner eine schwächere Vorhand hat als du. Flache Bälle sind erlaubt, aber diese Übung ist effektiver, wenn sie mit Topspins gemacht wird.

Mit der Rückhand den Ball cross unter das Seil schlagen

Bei dieser Übung solltest du den Ball mit deiner Rückhand cross unter das Seil schlagen – entweder mit Topspin oder flach. Der Ball sollte tief auf dem Platz landen. Stell sicher, dich auf deinen Durchschwung zu konzentrieren und deine Beine zu nutzen, um einen guten Spin zu erzeugen. Das kann ein guter, offensiver Schlag sein, wenn dein Gegner eine schwächere Rückhand hat als du. Flache Bälle sind erlaubt, aber diese Übung ist effektiver, wenn sie mit Topspins gemacht wird.

Mit der Vorhand den Ball longline unter das Seil schlagen

Bei dieser Übung solltest du den Ball mit deiner Vorhand longline unter das Seil schlagen – entweder mit Topspin oder flach. Der Ball sollte tief auf dem Platz landen. Stell sicher, dich auf deinen Durchschwung zu konzentrieren und deine Beine zu nutzen, um einen guten Spin zu erzeugen. Das kann ein guter, offensiver Schlag sein, wenn dein Gegner eine schwache Rückhand hat. Flache Bälle sind erlaubt, aber diese Übung ist effektiver, wenn sie mit Topspins gemacht wird.

Mit der Rückhand den Ball longline unter das Seil schlagen

Bei dieser Übung solltest du den Ball mit deiner Rückhand longline unter das Seil schlagen – entweder mit Topspin oder flach. Der Ball sollte tief auf dem Platz landen. Stell sicher, dich auf deinen Durchschwung zu konzentrieren und deine Beine zu nutzen, um einen guten Spin zu erzeugen. Das kann ein guter, offensiver Schlag sein, wenn dein Gegner eine schwache Vorhand während des Laufens hat. Flache Bälle sind erlaubt, aber diese Übung ist effektiver, wenn sie mit Topspins gemacht wird.

Den Ball cross unter das Seil schlagen und dabei Vorhand und Rückhand alternieren

Bei dieser Übung solltest du den Ball cross mit Topspin und der Vorhand unter das Seil schlagen, gefolgt von einem mit der Rückhand, cross geschlagenen Ball. Mach damit während der restlichen Übung weiter. Arbeite daran, den Ball tief im Feld zu halten. Stell sicher, dich auf deinen Durchschwung zu konzentrieren und deine Beine zu nutzen, um einen guten Spin zu erzeugen. Das kann eine guter, offensiver Schuss sein, wenn dein Gegner sich nicht gut bewegt. Flache Bälle sind erlaubt, aber diese Übung ist effektiver, wenn sie mit Topspins gemacht wird.

Den Ball longline unter das Seil schlagen und dabei Vorhand und Rückhand alternieren

Bei dieser Übung solltest du den Ball longline mit Topspin und der Vorhand unter das Seil schlagen, gefolgt von einem mit der Rückhand, longline geschlagenen Ball. Mach damit während der restlichen Übung weiter. Arbeite daran, den Ball tief im Feld zu halten. Stell sicher, dich auf deinen Durchschwung zu konzentrieren und deine Beine zu nutzen, um einen guten Spin zu erzeugen. Flache Bälle sind erlaubt, aber diese Übung ist effektiver, wenn sie mit Topspins gemacht wird.

KAPITEL 2: ECHTE BALL-ÜBUNGEN

ÜBER DAS SEIL

Schlag 20 Bälle cross mit Topspin, Vorhand zu Vorhand über das Seil (Konsistenz)

Bei dieser Übung solltest du den Ball mit deiner Vorhand cross über das Seil schlagen – entweder mit Topspin oder flach. Der Ball sollte tief auf dem Platz landen. Dein Partner oder Trainer sollte den Ball cross mit der Vorhand zurückschlagen. Dein Ziel ist es, mindestens 20 Bälle im Wechsel vor und zurück zu spielen. Wenn du einen verfehlst, musst du wieder bei null anfangen. Mach weiter, bis du auf diese Weise 20 Bälle im Wechsel spielst. Flache Bälle sind erlaubt, aber diese Übung ist effektiver, wenn sie mit Topspins gemacht wird.

Schlag 20 Bälle cross, mit Topspin Rückhand zu Rückhand über das Seil (Konsistenz)

Bei dieser Übung solltest du den Ball mit deiner Rückhand cross über das Seil schlagen – entweder mit Topspin oder flach. Der Ball sollte tief auf dem Platz landen. Dein Partner oder Trainer sollte den Ball cross mit der Rückhand zurückschlagen. Dein Ziel ist es, mindestens 20 Bälle im Wechsel vor und zurück zu spielen. Wenn du einen verfehlst, musst du wieder bei null anfangen. Mach weiter, bis du auf diese Weise 20 Bälle im Wechsel spielst. Flache Bälle sind erlaubt, aber diese Übung ist effektiver, wenn sie mit Topspins gemacht wird.

Schlag 20 Bälle longline mit Topspin, Vorhand zu Vorhand über das Seil (Konsistenz)

Bei dieser Übung solltest du den Ball mit deiner Vorhand longline über das Seil schlagen – entweder mit Topspin oder flach. Der Ball sollte tief auf dem Platz landen. Dein Partner oder Trainer sollte den Ball longline mit der Rückhand zurückschlagen. Dein Ziel ist es, mindestens 20 Bälle im Wechsel vor und zurück zu spielen. Wenn du einen verfehlst, musst du wieder bei null anfangen. Mach weiter, bis du auf diese Weise 20 Bälle im Wechsel spielst. Flache Bälle sind erlaubt, aber diese Übung ist effektiver, wenn sie mit Topspins gemacht wird.

Schlag 20 Bälle longline mit Topspin, Rückhand zu Vorhand über das Seil (Konsistenz)

Bei dieser Übung solltest du den Ball mit deiner Rückhand longline über das Seil schlagen – entweder mit Topspin oder flach. Der Ball sollte tief auf dem Platz landen. Dein Partner oder Trainer sollte den Ball longline mit der Vorhand zurückschlagen. Dein Ziel ist es, mindestens 20 Bälle im Wechsel vor und zurück zu spielen. Wenn du einen verfehlst, musst du wieder bei null anfangen. Mach weiter, bis du auf diese Weise 20 Bälle im Wechsel spielst. Flache Bälle sind erlaubt, aber diese Übung ist effektiver, wenn sie mit Topspins gemacht wird.

Schlag 20 Bälle, bei denen eine Person nur cross und der andere nur longline über das Seil spielt (eine Acht, Konsistenz)

Bei dieser Übung solltest du den Ball mit deiner Vorhand longline über das Seil schlagen – entweder mit Topspin oder flach. Der Ball sollte tief auf dem Platz landen. Dein Partner oder Trainer sollte den Ball longline mit der Rückhand zurückschlagen. Nun schlägst du den Ball cross zu deren Rückhand, während diese dir einen Longliner mit der Rückhand auf deine Vorhand zuspielen. Setz diese Sequenz fort. Dein Ziel ist es, mindestens 20 Bälle im Wechsel vor und zurück zu spielen. Wenn du einen verfehlst, musst du wieder bei Null anfangen. Mach weiter, bis du auf diese Weise 20 Bälle im Wechsel spielst. Flache Bälle sind erlaubt, aber diese Übung ist effektiver, wenn sie mit Topspins gemacht wird.

Schlag 20 Bälle, bei denen eine Person nur longline und der andere nur cross über das Seil spielt (eine Acht, Konsistenz)

Bei dieser Übung solltest du den Ball mit deiner Vorhand longline über das Seil schlagen – entweder mit Topspin oder flach. Der Ball sollte tief auf dem Platz landen. Dein Partner oder Trainer sollte den Ball cross mit der Rückhand zurückschlagen. Nun schlägst du den Ball longline zu deren Rückhand, während diese dir den Ball cross auf deine Vorhand zuspielen. Setz diese Sequenz fort. Dein Ziel ist es, mindestens 20 Bälle im Wechsel vor und zurück zu spielen. Jeder Balltreffer gibt einen Punkt.

Wenn du einen verfehlst, musst du wieder bei null anfangen. Mach weiter, bis du auf diese Weise 20 Bälle im Wechsel spielst. Flache Bälle sind erlaubt, aber diese Übung ist effektiver, wenn sie mit Topspins gemacht werden.

ÜBUNGEN UNTER DEM SEIL

Schlag 20 Bälle cross, Vorhand zu Vorhand unter das Seil

Bei dieser Übung solltest du den Ball mit deiner Vorhand cross unter das Seil schlagen – entweder mit Topspin oder flach. Der Ball sollte tief auf dem Platz landen. Dein Partner oder Trainer sollte den Ball cross mit der Vorhand zurückschlagen. Dein Ziel ist es, mindestens 20 Bälle im Wechsel vor und zurück zu spielen. Wenn du einen verfehlst, musst du wieder bei null anfangen. Mach weiter, bis du auf diese Weise 20 Bälle im Wechsel spielst. Flache Bälle sind erlaubt, aber diese Übung ist effektiver, wenn sie mit Topspins gemacht werden.

Schlag 20 Bälle cross, Rückhand zu Rückhand unter das Seil

Bei dieser Übung solltest du den Ball mit deiner Rückhand cross unter das Seil schlagen – entweder mit Topspin oder flach. Der Ball sollte tief auf dem Platz landen. Dein Partner oder Trainer sollte den Ball cross mit der Rückhand zurückschlagen. Dein Ziel ist es, mindestens 20 Bälle im Wechsel vor und zurück zu spielen. Wenn du einen verfehlst, musst du wieder bei null anfangen. Mach weiter, bis du auf diese Weise 20 Bälle im Wechsel spielst. Flache Bälle sind erlaubt, aber diese Übung ist effektiver, wenn sie mit Topspins gemacht werden.

Schlag 20 Bälle longline, Vorhand zu Rückhand unter das Seil

Bei dieser Übung solltest du den Ball mit deiner Vorhand longline unter das Seil schlagen – entweder mit Topspin oder flach. Der Ball sollte tief auf dem Platz landen. Dein Partner oder Trainer sollte den Ball longline mit der Rückhand zurückschlagen. Dein Ziel ist es, mindestens 20 Bälle im Wechsel vor und zurück zu spielen. Wenn du einen verfehlst, musst du wieder bei null anfangen. Mach weiter, bis du auf diese Weise 20 Bälle im Wechsel spielst. Flache Bälle sind erlaubt, aber diese Übung ist effektiver, wenn sie mit Topspins gemacht werden.

Schlag 20 Bälle longline, Rückhand zu Vorhand unter das Seil

Bei dieser Übung solltest du den Ball mit deiner Rückhand longline unter das Seil schlagen – entweder mit Topspin oder flach. Der Ball sollte tief auf dem Platz landen. Dein Partner oder Trainer sollte den Ball longline mit der Vorhand zurückschlagen. Dein Ziel ist es, mindestens 20 Bälle im Wechsel vor und zurück zu spielen. Wenn du einen verfehlst, musst du wieder bei null anfangen. Mach weiter, bis du auf diese Weise 20 Bälle im Wechsel spielst. Flache Bälle sind erlaubt, aber diese Übung ist effektiver, wenn sie mit Topspins gemacht werden.

Schlag 20 Bälle cross mit einem Slice und der Rückhand unter das Seil

Bei dieser Übung solltest du den Ball mit einem Slice und deiner Rückhand cross unter das Seil schlagen. Dein Partner oder Trainer sollte den Ball cross mit einem Slice und der Rückhand zurückschlagen. Dein Ziel ist es, mindestens 20 Bälle im Wechsel vor und zurück zu spielen. Wenn du einen verfehlst, musst du wieder bei null anfangen. Mach weiter, bis du auf diese Weise 20 Bälle im Wechsel spielst.

Schlag 20 Bälle, bei denen eine Person nur cross und der andere nur longline unter das Seil spielt um eine Acht zu erzeugen

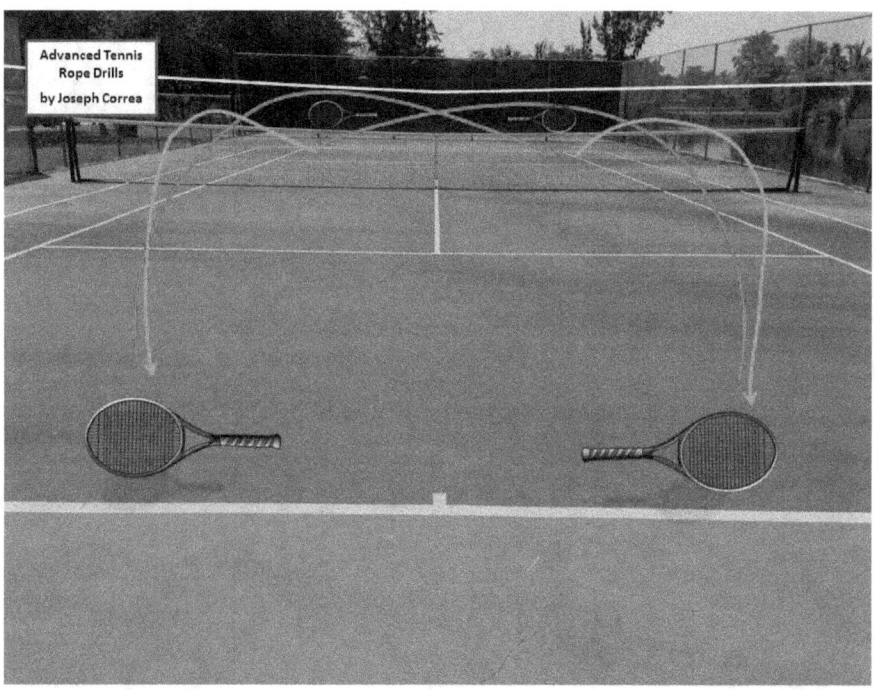

Bei dieser Übung solltest du den Ball mit einem Topspin oder flach sowie deiner Vorhand cross unter das Seil schlagen. Dein Partner oder Trainer sollte den Ball longline mit der Rückhand zurückschlagen. Nun schlägst du den Ball cross zu deren Rückhand, während diese dir den Ball longline mit der Rückhand auf deine Vorhand zuspielen. Setz diese Sequenz fort. Dein Ziel ist es, mindestens 20 Bälle im Wechsel vor und zurück zu spielen. Flache Bälle sind erlaubt, aber diese Übung ist effektiver, wenn sie mit Topspins gemacht werden.

Schlag 20 Bälle, bei denen eine Person nur longline und der andere nur cross unter das Seil spielt um eine Acht zu erzeugen

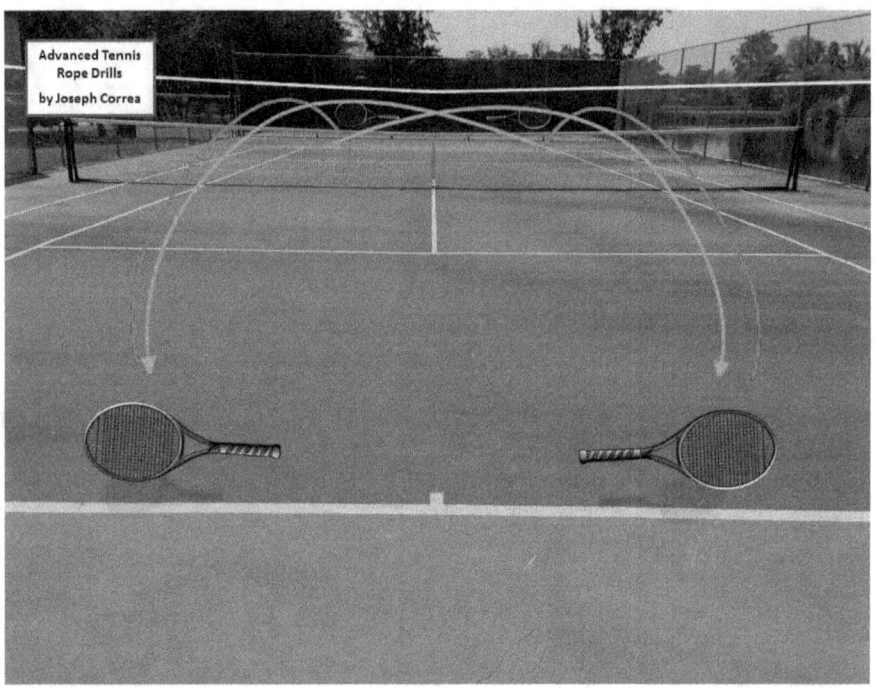

Bei dieser Übung solltest du den Ball mit einem Topspin oder flach sowie deiner Vorhand longline unter das Seil schlagen. Der Ball sollte tief auf dem Platz landen. Dein Partner oder Trainer sollte den Ball cross mit der Rückhand zurückschlagen. Nun schlägst du den Ball longline zu deren Rückhand, während diese dir den Ball cross auf deine Vorhand zuspielen. Setz diese Sequenz fort. Dein Ziel ist es, mindestens 20 Bälle im Wechsel vor und zurück zu spielen. Jeder Balltreffer gibt einen Punkt.

Wenn du einen verfehlst, musst du wieder bei null anfangen. Mach weiter, bis du auf diese Weise 20 Bälle im Wechsel spielst. Flache Bälle sind erlaubt, aber diese Übung ist effektiver, wenn sie mit Topspins gemacht werden.

ÜBUNGEN ÜBER UND UNTER DAS SEIL

Eine Person spielt den Ball mit der Vorhand und einem Topspin über das Seil, während die andere ihn cross mit der Vorhand unter das Seil schlägt

Bei dieser Übung solltest du den Ball mit einem Topspin oder flach sowie deiner Vorhand cross über das Seil schlagen. Der Ball sollte tief auf dem Platz landen. Dein Partner oder Trainer sollte den Ball cross mit der Vorhand unter das Seil zurückschlagen. Dein Ziel ist es, mindestens 20 Bälle im Wechsel vor und zurück zu spielen. Wenn du einen verfehlst, musst du wieder bei null anfangen. Mach weiter, bis du auf diese Weise 20 Bälle im Wechsel spielst.

Flache Bälle sind erlaubt, aber diese Übung ist effektiver, wenn sie mit Topspins gemacht werden.

Eine Person spielt den Ball mit der Rückhand und einem Topspin über das Seil, während die andere ihn cross mit der Rückhand unter das Seil schlägt

Bei dieser Übung solltest du den Ball mit einem Topspin oder flach sowie deiner Rückhand cross über das Seil schlagen. Der Ball sollte tief auf dem Platz landen. Dein Partner oder Trainer sollte den Ball cross mit der Rückhand unter das Seil zurückschlagen. Dein Ziel ist es, mindestens 20 Bälle im Wechsel vor und zurück zu spielen. Wenn du einen verfehlst, musst du wieder bei null anfangen. Mach weiter, bis du auf diese Weise 20 Bälle im Wechsel spielst. Flache Bälle sind erlaubt, aber

diese Übung ist effektiver, wenn sie mit Topspins gemacht werden.

Eine Person spielt den Ball mit der Vorhand und einem Topspin über das Seil, während die andere ihn longline mit der Rückhand unter das Seil schlägt

Bei dieser Übung solltest du den Ball mit einem Topspin oder flach sowie deiner Vorhand longline über das Seil schlagen. Der Ball sollte tief auf dem Platz landen. Dein Partner oder Trainer sollte den Ball longline mit der Rückhand unter das Seil zurückschlagen. Dein Ziel ist es, mindestens 20 Bälle im Wechsel vor und zurück zu spielen. Wenn du einen verfehlst, musst du wieder bei null anfangen. Mach weiter, bis du auf diese Weise 20 Bälle im Wechsel spielst. Flache Bälle sind erlaubt, aber

diese Übung ist effektiver, wenn sie mit Topspins gemacht werden.

Eine Person spielt den Ball mit der Rückhand und einem Topspin über das Seil, während die andere ihn longline mit der Vorhand unter das Seil schlägt

Bei dieser Übung solltest du den Ball mit einem Topspin oder flach sowie deiner Rückhand longline über das Seil schlagen. Der Ball sollte tief auf dem Platz landen. Dein Partner oder Trainer sollte den Ball longline mit der Vorhand unter das Seil zurückschlagen. Dein Ziel ist es, mindestens 20 Bälle im Wechsel vor und zurück zu spielen. Wenn du einen verfehlst, musst du wieder bei null anfangen. Mach weiter, bis du auf diese Weise 20 Bälle im Wechsel spielst. Flache Bälle sind erlaubt, aber

diese Übung ist effektiver, wenn sie mit Topspins gemacht werden.

Eine Person spielt den Ball mit der Rückhand und einem Topspin über das Seil, während die andere ihn cross mit der Rückhand und einem Slice unter das Seil schlägt

Bei dieser Übung solltest du den Ball mit einem Topspin oder flach sowie deiner Rückhand cross über das Seil schlagen. Der Ball sollte tief auf dem Platz landen. Dein Partner oder Trainer sollte den Ball cross einem Slice unter das Seil zurückschlagen. Dein Ziel ist es, mindestens 20 Bälle im Wechsel vor und zurück zu spielen. Wenn du einen verfehlst, musst du wieder bei null anfangen. Mach weiter, bis du auf diese Weise 20 Bälle im Wechsel spielst. Flache Bälle sind erlaubt, aber diese Übung ist effektiver, wenn sie mit Topspins gemacht werden.

Eine Person spielt den Ball mit der Vorhand und einem Topspin über das Seil, während die andere ihn cross mit der Vorhand inside-out unter das Seil schlägt

Bei dieser Übung solltest du den Ball von der hinteren Ecke aus mit einem Topspin oder flach sowie deiner Vorhand longline über das Seil schlagen. Der Ball sollte tief auf dem Platz landen. Dein Partner oder Trainer sollte den Ball longline mit der Vorhand unter das Seil zurückschlagen. Dein Ziel ist es, mindestens 20 Bälle im Wechsel vor und zurück zu spielen. Wenn du einen verfehlst, musst du wieder bei null anfangen. Mach weiter, bis du auf diese Weise 20 Bälle im Wechsel spielst.

Flache Bälle sind erlaubt, aber diese Übung ist effektiver, wenn sie mit Topspins gemacht werden.

KAPITEL 3: BALL-ÜBUNGEN

10 Bälle über das Seil und ohne Aufschlag

Spiel bis zu 10 Bälle ausschließlich über das Seil. Wer als Erstes 10 Punkte erreicht, gewinnt.

10 Bälle unter das Seil und ohne Aufschlag

Spiel bis zu 10 Bälle ausschließlich unter das Seil. Wer als Erstes 10 Punkte erreicht, gewinnt.

10 Bälle nur ohne Aufschlag und, dass eine Person nur über das Seil und die andere nur unter das Seil schlagen

Spiel bis zu 10 Bälle ausschließlich unter das Seil, von denen die eine Person sie nur über das Seil und die andere sie nur unter das Seil schlagen darf. Wer als Erstes 10 Punkte erreicht, gewinnt.

10 Bälle (mit Aufschlag) über das Seil (der Aufschlag geht zu jeden Zeit unter das Seil, außer du führst einen Topspin oder einen Kick-Aufschlag)

Spiel bis zu 10 Bälle ausschließlich über das Seil und beginn mit einem Aufschlag, der immer unter das Seil gehen sollte. Wer als Erstes 10 Punkte erreicht, gewinnt.

10 Bälle (mit Aufschlag) unter das Seil (der Aufschlag geht zu jeden Zeit unter das Seil, außer du führst einen Topspin oder einen Kick-Aufschlag)

Spiel bis zu 10 Bälle ausschließlich unter das Seil und beginn mit einem Aufschlag, der immer unter das Seil gehen sollte. Wer als Erstes 10 Punkte erreicht, gewinnt.

KAPITEL 4: NORMALE BALL-ÜBUNGEN OHNE SEIL

37. 10 Bälle ohne Aufschlag und cross mit der Vorhand

Spiel den Ball mit der Unterhand zu der Vorhand deines Gegners und spiele ihn dann cross, nur damit ihr beide den Ball ausschließlich cross schlägt, bis einer von euch durch einen Winner gewinnt oder einer von euch den Ball verfehlt und das Netz trifft oder ins Aus schlägt. Denk dran: wenn einer oder beide von euch Linkshänder ist/sind, dann mache die nötigen Anpassungen bei dieser Übung. Die Person, die als Erste 10 Punkte erreicht, gewinnt. Es gibt keine „Unterschied von 2 Punkten"-Regel in diesen Übungen.

38. 10 Bälle ohne Aufschlag und cross mit der Rückhand

Spiel den Ball mit der Unterhand zu der Rückhand deines Gegners und spiele ihn dann cross, nur damit ihr beide den Ball ausschließlich cross schlägt, bis einer von euch durch einen Winner gewinnt oder einer von euch den Ball verfehlt und das Netz trifft oder ins Aus schlägt. Denk dran: wenn einer oder beide von euch Linkshänder ist/sind, dann mache die nötigen Anpassungen bei dieser Übung. Die Person, die als Erste 10 Punkte erreicht, gewinnt. Es gibt keine „Unterschied von 2 Punkten"-Regel in diesen Übungen.

39. 10 Bälle ohne Aufschlag und longline, Rückhand zu Vorhand

Spiel den Ball mit der Unterhand zu der Vorhand deines Gegners und spiele ihn dann longline, nur damit ihr beide den Ball ausschließlich longline schlägt, bis einer von euch durch einen Winner gewinnt oder einer von euch den Ball verfehlt und das Netz trifft oder ins Aus schlägt. Denk dran: wenn einer oder beide von euch Linkshänder ist/sind, dann mache die nötigen Anpassungen bei dieser Übung. Die Person, die als Erste 10 Punkte erreicht, gewinnt. Es gibt keine „Unterschied von 2 Punkten"-Regel in diesen Übungen.

40. 10 Bälle ohne Aufschlag und longline, Vorhand zu Rückhand

Spiel den Ball mit der Unterhand zu der Rückhand deines Gegners und spiele ihn dann longline, nur damit ihr beide den Ball ausschließlich longline schlägt, bis einer von euch durch einen Winner gewinnt oder einer von euch den Ball verfehlt und das Netz trifft oder ins Aus schlägt. Denk dran: wenn einer oder beide von euch Linkshänder ist/sind, dann mache die nötigen Anpassungen bei dieser Übung. Die Person, die als Erste 10 Punkte erreicht, gewinnt. Es gibt keine „Unterschied von 2 Punkten"-Regel in diesen Übungen.

41. 10 Bälle mit Aufschlag und cross mit der Vorhand

Schlag den Ball in Richtung der Vorhand deines Gegners auf und spiele ihn dann cross, nur damit ihr beide den Ball ausschließlich cross schlägt, bis einer von euch durch einen Winner gewinnt oder einer von euch den Ball verfehlt und das Netz trifft oder ins Aus schlägt. Denk dran: wenn einer oder beide von euch Linkshänder ist/sind, dann mache die nötigen Anpassungen bei dieser Übung. Die Person, die als Erste 10 Punkte erreicht, gewinnt. Es gibt keine „Unterschied von 2 Punkten"-Regel in diesen Übungen.

42. 10 Bälle mit Aufschlag und cross mit der Rückhand

Schlag den Ball in Richtung der Rückhand deines Gegners auf und spiele ihn dann cross, nur damit ihr beide den Ball ausschließlich cross schlägt, bis einer von euch durch einen Winner gewinnt oder einer von euch den Ball verfehlt und das Netz trifft oder ins Aus schlägt. Denk dran: wenn einer oder beide von euch Linkshänder ist/sind, dann mache die nötigen Anpassungen bei dieser Übung. Die Person, die als Erste 10 Punkte erreicht, gewinnt. Es gibt keine „Unterschied von 2 Punkten"-Regel in diesen Übungen.

43. 10 Bälle mit Aufschlag und longline, Rückhand zu Vorhand

Schlag den Ball in Richtung der Vorhand deines Gegners auf und spiele ihn dann longline, nur damit ihr beide den Ball ausschließlich longline schlägt, bis einer von euch durch einen Winner gewinnt oder einer von euch den Ball verfehlt und das Netz trifft oder ins Aus schlägt. Denk dran: wenn einer oder beide von euch Linkshänder ist/sind, dann mache die nötigen Anpassungen bei dieser Übung. Die Person, die als Erste 10 Punkte erreicht, gewinnt. Es gibt keine „Unterschied von 2 Punkten"-Regel in diesen Übungen.

44. 10 Bälle mit Aufschlag und longline, Vorhand zu Rückhand

Schlag den Ball in Richtung der Rückhand deines Gegners auf und spiele ihn dann longline, nur damit ihr beide den Ball ausschließlich longline schlägt, bis einer von euch durch einen Winner gewinnt oder einer von euch den Ball verfehlt und das Netz trifft oder ins Aus schlägt. Denk dran: wenn einer oder beide von euch Linkshänder ist/sind, dann mache die nötigen Anpassungen bei dieser Übung. Die Person, die als Erste 10 Punkte erreicht, gewinnt. Es gibt keine „Unterschied von 2 Punkten"-Regel in diesen Übungen.

45. 10 Bälle ohne Aufschlag und, dass eine Person nur cross und die andere nur longline schlägt

Spiel den Ball mit der Unterhand zu der Vorhand deines Gegners und spiele ihn dann cross, nur damit ihr beide den Ball ausschließlich cross schlägt, bis einer von euch durch einen Winner gewinnt oder einer von euch den Ball verfehlt und das Netz trifft oder ins Aus schlägt. Denk dran: wenn einer oder beide von euch Linkshänder ist/sind, dann mache die nötigen Anpassungen bei dieser Übung. Die Person, die als Erste 10 Punkte erreicht, gewinnt. Es gibt keine „Unterschied von 2 Punkten"-Regel in diesen Übungen.

46. 10 Bälle ohne Aufschlag und, dass eine Person nur longline und die andere nur cross schlägt

Spiel den Ball mit der Unterhand zu der Vorhand deines Gegners und spiele ihn dann cross, nur damit ihr beide den Ball ausschließlich cross schlägt, bis einer von euch durch einen Winner gewinnt oder einer von euch den Ball verfehlt und das Netz trifft oder ins Aus schlägt. Denk dran: wenn einer oder beide von euch Linkshänder ist/sind, dann mache die nötigen Anpassungen bei dieser Übung. Die Person, die als Erste 10 Punkte erreicht, gewinnt. Es gibt keine „Unterschied von 2 Punkten"-Regel in diesen Übungen.

47. 10 Bälle mit Aufschlag und, dass eine Person nur cross und die andere nur longline schlägt

Schlag den Ball in Richtung deines Gegners auf und spiele ihn dann cross, während dein Partner ihn nur longline schlägt um eine Acht zu erzeugen. Behalte den Ball im Spiel, bis einer von euch durch einen Winner gewinnt oder einer von euch den Ball verfehlt und das Netz trifft oder ins Aus schlägt. Denk dran: wenn einer oder beide von euch Linkshänder ist/sind, dann mache die nötigen Anpassungen bei dieser Übung. Die Person, die als Erste 10 Punkte erreicht, gewinnt. Es gibt keine „Unterschied von 2 Punkten"-Regel in diesen Übungen.

48. 10 Bälle mit Aufschlag und, dass eine Person nur longline und die andere nur cross schlägt

Schlag den Ball in Richtung deines Gegners auf und spiele ihn dann longline, während dein Partner ihn nur cross schlägt um eine Acht zu erzeugen. Behalte den Ball im Spiel, bis einer von euch durch einen Winner gewinnt oder einer von euch den Ball verfehlt und das Netz trifft oder ins Aus schlägt. Denk dran: wenn einer oder beide von euch Linkshänder ist/sind, dann mache die nötigen Anpassungen bei dieser Übung. Die Person, die als Erste 10 Punkte erreicht, gewinnt. Es gibt keine „Unterschied von 2 Punkten"-Regel in diesen Übungen.

49. 10 Bälle ohne Aufschlag. Führe normale Bälle aus ohne Muster.

Spiel den Ball mit der Unterhand deinem Gegner zu und spiel dann das Spiel normal weiter ohne irgendwelche Muster. Behalte den Ball im Spiel, bis einer von euch durch einen Winner gewinnt oder einer von euch den Ball verfehlt und das Netz trifft oder ins Aus schlägt. Denk dran: wenn einer oder beide von euch Linkshänder ist/sind, dann mache die nötigen Anpassungen bei dieser Übung. Die Person, die als Erste 10 Punkte erreicht, gewinnt. Es gibt keine „Unterschied von 2 Punkten"-Regel in diesen Übungen.

50. 10 Bälle mit Aufschlag. Führe normale Bälle ohne Muster aus.

Schlag den Ball in Richtung deines Gegners auf und spiel dann den Ball ohne irgendwelche Muster. Behalte den Ball im Spiel, bis einer von euch durch einen Winner gewinnt oder einer von euch den Ball verfehlt und das Netz trifft oder ins Aus schlägt. Denk dran: wenn einer oder beide von euch Linkshänder ist/sind, dann mache die nötigen Anpassungen bei dieser Übung. Die Person, die als Erste 10 Punkte erreicht, gewinnt. Es gibt keine „Unterschied von 2 Punkten"-Regel in diesen Übungen.

51. Spiel einen kompletten Satz mit Aufschlag, in dem du nur cross und dein Partner nur longline spielt.

52. Spiel einen kompletten Satz mit Aufschlag, in dem du nur longline und dein Partner nur cross spielt.

53. Spiel einen kompletten Satz, in dem du ein Muster deiner Wahl verwendest.

54. Spiel ein komplettes Spiel, in dem du ein Muster deiner Wahl verwendest.

OTHER TITLES BY JOSEPH CORREA

Tennis Serve Harder Training Program

This DVD will teach you how to serve 10-20 mph faster in a 3 month day by day program. The best serve training program in the market. Video includes a 3 month chart training program and a step by step manual. The DVD shows you how to do the exercises properly and the process you should follow in order to be successful with the program.

Joseph Correa is a professional tennis player and coach that has competed and taught all over the world in ITF and ATP tournaments for many years. Besides being a professional tennis player he has a USPTR professional coaching certification and ITF kids coaching certification.

The 33 Laws of Tennis

The 33 Laws of Tennis is book full of valuable tennis concepts to help you become a better and more prepared tennis player. Written by a professional tennis player and coach in the USA. It's a very useful book that will come in handy when you least expect it and will remind you of many little but important things before competing.

Tennis Footwork and Cardio by Joseph Correa

Joseph Correa is a professional tennis player and coach that has competed and taught all over the world in ITF and ATP tournaments for many years. Besides being a professional tennis player he has a USPTR professional coaching certification and ITF kids coaching certification.

Get in better shape and improve your mobility on and off the tennis court. Your foot work will improve drastically as well as strengthen your core and upper body. This is definitely worthwhile for a serious tennis player no matter what your level. You become faster, stronger, and more agile and on the court as well as seeing an increase in acceleration in your groundstrokes and serve. Created by a professional tennis player for others to advance in their game and win more matches.

Yoga Tennis by Joseph Correa

Yoga Tennis by Joseph Correa is a great way to improve your flexibility and agility on the court. Reach more balls and have fewer injuries. It's a great way to win more by working on a different part of your game. The DVD lasts about 30 minutes. Used by amateur and professional tennis players to improve their game and last longer in matches. This is the best way for a tennis player to become more flexible and get rid of common back, knee, shoulder, hamstring, calf, and quadriceps injuries. You´ll be glad to get started! This is an improved version of our MBS Yoga Tennis 2012.

Tennis Abs by Joseph Correa

Tennis Abs is a great way to strengthen your core for more powerful serves, forehands and backhands as well as stronger volleys. Abdominals are fundamental for a better game. This DVD works on many types of crunches, sit-ups, and lateral abs and back exercises that you won´t find in other abdominal videos. Feel confident when changing your shirt during your match and hit the ball harder!

www.ingramcontent.com/pod-product-compliance
Lightning Source LLC
Chambersburg PA
CBHW052122070526
44586CB00016B/2042